湛庐 CHEERS

与最聪明的人共同进化

HERE COMES EVERYBODY

周易·答案之书

看清微弱的真心

梁冬 著

天津出版传媒集团
天津科学技术出版社

上架指导：社会科学/传统文化

图书在版编目(CIP)数据

周易·答案之书/梁冬著.— 天津：天津科学技术出版社，2025.6（2025.10重印）.— ISBN 978-7-5742-3052-1

Ⅰ.B221.5

中国国家版本馆 CIP 数据核字第 202538R5G8 号

周易·答案之书
ZHOUYI · DAAN ZHI SHU

责任编辑：梁　旭
责任印制：赵宇伦

出　　版：	天津出版传媒集团 天津科学技术出版社
地　　址：	天津市西康路 35 号
邮　　编：	300051
电　　话：	（022）23332377（编辑部）
网　　址：	www.tjkjcbs.com.cn
发　　行：	新华书店经销
印　　刷：	唐山富达印务有限公司

开本 889×1194　1/48　印张 9.625　字数 30 000
2025年10月第1版第3次印刷
定价：79.90元

版权所有，侵权必究
本书法律顾问　北京市盈科律师事务所　崔爽律师

一个卦象是一个宇宙，
周易的64卦加上384爻，组成448个元宇宙。
每448是一个轮回，
万法归一，自此进入新的宇宙轮回，
属于你的答案已经跃然纸上。

先天八卦是邵雍依据《说卦》的"天地定位，山泽通气，雷风相薄，水火不相射，八卦相错。数往者顺，知来者逆，是故，易逆数也"演绎而来。此即伏羲八卦的方位。

```
            乾
           ☰

    兑               巽
   ☱                 ☴


  离                   坎
 ☲                     ☵


    震               艮
   ☳                 ☶

            坤
           ☷
```

伏羲先天八卦正位图

测一测

你距离《周易》
这一古老智慧有多近?

扫码加入书架
领取阅读激励

- 《周易》共有多少个卦辞?(单选题)

  A. 8

  B. 32

  C. 64

  D. 72

- 下列哪一项不属于八卦名称?(单选题)

  A. 离

  B. 乾

  C. 震

  D. 元

扫码获取全部测试题
及答案,看到通往心
中的那道微光

- 关于"卦"和"爻"的关系,以下哪项表述
  是正确的?(单选题)

  A. 每卦有 8 条爻

  B. 每卦没有爻

  C. 每卦有 6 条爻

  D. 每爻有 6 个卦

扫描左侧二维码查看本书更多测试题

使用说明书

1. 平静心绪
闭上眼睛,深呼吸6次或12次,让自己慢慢安静下来。

2. 心中提问
默念此刻最困扰你的问题,想一个1～999的数字。数字若超过448,请依次减去448,直至小于448。

3. 翻页寻答
翻到对应页码,那就是你的答案。

4. 随缘探索
也可随手翻开一页:左页代表"现在"的启示,右页预示"未来"的方向。

——

心越诚,答案越清晰

——

如果你对所抽卦辞、爻辞的含义有更深入的探索需求,

希望更清晰、系统、准确、全面地理解这一古老系统背后的逻辑,

请翻开《周易有答案》。

乾为天

在动中
有所节制

001

去播种，去生产，去创造万物。

乾卦

乾：元亨。利贞。

乾为天

事成以密，蛰伏下来

嘴上保持沉默，心里保持展望。

初九：潜龙，勿用。

乾为天

去见能够
帮助你的人

003

人人皆可成贵人，
只是适不适合你而已。

九二：见龙在田，利见大人。

乾为天

宇宙不止，
你不要停

做不一定能成，不做一定不成。

004

九三：君子终日乾乾，夕惕。若厉，无咎。

乾为天

怎么都好

005
———

不管你愿意不愿意,万物会推着你升维。

九四:或跃在渊,无咎。

乾为天

大展拳脚

飞龙在天，自由自在。

九五：飞龙在天，利见大人。

乾为天

不要贪恋
现在拥有的一切

曾经拥有的,都将令自己后悔。

上九:亢龙,有悔。

坤为地

在静中
心怀远方

以不变应万变。看见变化,匍匐等待。

坤卦

坤:元亨。利牝马之贞。君子有攸往,先迷,后得。主利。
西南得朋。东北丧朋。安贞,吉。

坤为地

阻碍来了，通路也来了

009

眼前的阻碍，正是通路。

初六：履霜，坚冰至。

坤为地

通达四方

010
———

利用阻碍,通达四方,无往不利。

六二:直方,大,不习,无不利。

坤为地

跟对人，
做该做的事

011

主旋律要你到哪，你就到哪。

六三：含章，可贞。或从王事，无成有终。

坤为地

沉默下来

012
—

荣誉没了，诋毁也就没了。

六四：括囊，无咎无誉。

坤为地

一切还有希望

013

韬光养晦，未来会给你一次机会。

六五：黄裳，元吉。

坤为地

迎接大战

014

残酷的竞争,带来巨大的成长。

上六:龙战于野,其血玄黄。

天风姤

等待时机，小心强女

一些自下而上的变革，正从不起眼的地方开始。

姤卦

姤：女壮，勿用取女。

天风姤

不妄动

有所牵制,守成尚可,不宜妄动。

初六:系于金柅(nǐ),贞吉。有攸往,见凶。羸豕孚蹢(zhí)躅(zhú)。

天风姤

遇小人

017

小心那些把你捧得很高的人。

九二:包有鱼,无咎。不利宾。

天风姤

少安毋躁

018

有所不为,才能有为。

九三:臀无肤,其行次且,厉,无大咎。

天风姤

多有凶

019

说着看似最正确的话,却犯着最离谱的错误。

九四:包无鱼,起凶。

天风姤

喜从天降

020

会遇到贵人提携,会有意外之喜。

九五:以杞包瓜,含章,有陨自天。

天风姤

好运将尽

021

你以为的岁月静好,你以为的奋斗人生,都不过是个假象。

上九:姤其角,吝,无咎。

泽风大过

事不如意，前后夹击

面临困境，或突围而出，往远处走；或独立无惧，遁世无闷。

大过

大过：栋桡。利有攸往，亨。

泽风大过

以柔克刚

人皆羡刚强勇者,却不知柔弱的力量;
人皆知有用之用,而不知无用的妙处。

初六:藉用白茅,无咎。

泽风大过

老树逢春

老树逢春,枯杨发芽,反败为胜,衰极必反。

九二:枯杨生稊(tí)。老夫得其女妻,无不利。

泽风大过

过刚则易折

025

过刚则易折,善柔则不败。

九三:栋桡。凶。

泽风大过

又有新问题

026

每一个问题的解决,都会孕育出新的问题。

九四:栋隆,吉。有它,吝。

泽风大过

匹配不当

无荣无辱,已属不易。

九五:枯杨生华。老妇得其士夫,无咎无誉。

泽风大过

踏险路

028

真正的勇气是，即便恐惧依然前行。

上六：过涉灭顶。凶，无咎。

火风鼎

燃烧自己，照亮他人

029

你的决策依据不在于你的回报，而在于你的奉献。

鼎卦

鼎：元吉，亨。

火风鼎

因祸得福

030

塞翁失马,焉知非福。

初六:鼎颠趾,利出否。得妾以其子。无咎。

火风鼎

结果不算太坏

031

虽然有失去,但终吉祥。
坚持自己的决定,结果才不会太坏。

九二:鼎有实,我仇有疾,不我能即,吉。

火风鼎

莫要用力过猛

原本你说的都是对的,但你讲太多,
导致一切都变成了错的。

九三:鼎耳革,其行塞,雉膏不食。方雨。亏悔,终吉。

火风鼎

会受伤

小灾小难都是福。

九四:鼎折足,覆公铼(sù)。其形渥(wò),凶。

火风鼎

多出去走走

034

面临不确定的时候,多出去走走,
看看这个多彩的世界,看看不同人的生活。

六五:鼎黄耳,金铉,利贞。

火风鼎

称心如意

做什么,都有利。

上九:鼎玉铉,大吉,无不利。

雷风恒

在动态中
保持平衡

按照各自喜欢的方式表达,互不相欠。

恒卦

恒:亨。无咎。利贞。利有攸往。

雷风恒

前途茫茫

很难从一时的利弊，衡量大的好坏格局。

初六：浚恒，贞凶。无攸利。

雷风恒

有丢失

038
———

生活会用一系列的伤害,来成就你的伟大。

九二:悔亡。

雷风恒

有伤害

未得其收获,未受其恩德,反受其伤害。

九三:不恒其德,或承之羞。贞吝。

雷风恒

无所获

040

或地位或时机或方法不当,无所获。

九四:田无禽。

雷风恒

因小失大

041

对女人有利,对男人不好。

六五:恒其德。贞,妇人吉,夫子凶。

雷风恒

不可妄动

042

小心翼翼地绕开一个又一个小陷阱,
最后掉进了一个大陷阱。

上六:振恒,凶。

巽为风

御风而行,
借势而行

043

大部分成就事业的人,
总能够知道在什么时候借什么势。

巽卦

巽:小亨。利有攸往,利见大人。

巽为风

果断点

快刀斩乱麻,以勇武克疑惑。

初六:进退,利武人之贞。

巽为风

得庇佑

045

好事会来,但是别折腾。

九二:巽在床下,用史巫,纷若,吉,无咎。

巽为风

忌沉迷

不为酒困,不为色惑,不为名累,不为利驱。

九三:频巽,吝。

巽为风

满载而归

047

兵出而有功,硕果累累,满载而归。

六四:悔亡。田获三品。

巽为风

所谋有望

048

潦草的开端,丰硕的结尾。

九五:贞吉,悔亡。无不利。无初有终。先庚三日,后庚三日,吉。

巽为风

力有不逮

当用则用,当省则省,君子素其位而行,切勿不自量力。

上九:巽在床下,丧其资斧,贞凶。

水风井

珍惜一切因缘

怀着持守修养的心等待,好的风和水还会再来。

井卦

井:改邑不改井。无丧无得,往来井井。
汔至,亦未繘(jú)井,羸其瓶。凶。

水风井

陷淤泥而不染

051

身处淤泥般的困境,生出磐石般的信心。

初六:井泥,不食,旧井无禽。

水风井

静以待变

再等等,一切都会变好。

九二:井谷,射鲋,瓮敝漏。

水风井

去找一个人

找到你人生的大王,他会给你建议。

九三:井渫(xiè),不食,为我心恻。可用汲?王明,并受其福。

水风井

无妨

054
———

眼前的困难正在转折,再扛一扛。

六四:井甃(zhòu),无咎。

水风井

开始变好了

枯井生泉,所谋遂意。

九五:井洌,寒泉,食。

水风井

时空会改变

可能还会再糟一会儿,但终将变好。

上六:井收,勿幕;有孚,元吉。

山风蛊

你必须
革自己的命

没有折腾,就没有活力。

蛊卦

蛊:元亨。利涉大川。先甲三日,后甲三日。

山风蛊

依循古道

058

遵循传统,传承旧业。

初六:干父之蛊。有子考,无咎。厉,终吉。

山风蛊

以柔济刚

忍耐可以让刚强增添韧性,继而无坚不摧。

九二:干母之蛊,不可贞。

山风蛊

小有过失

小有过失,无大灾害。

九三:干父之蛊,小有悔,无大咎。

山风蛊

做出改变

重复已经做过的事情、已经知道的方法,与死亡无异。

六四:裕父之蛊,往,见吝。

山风蛊

宜守旧

继承和改善旧业,仍然有利。

六五:干父之蛊,用誉。

山风蛊

趁现在

现在开始做,是时候建立自己的势力了。

上九:不事王侯,高尚其事。

地风升

064

君子以顺德，积小以高大

远大的事情要靠毅力一点一滴去完成，可能很慢，但会越来越好。

升卦

升：元亨。利见大人，勿恤。南征，吉。

地风升

所念皆如愿

所念皆如愿,所行皆坦途。

初六:允升,大吉。

地风升

喜事临门

运途得中道,喜事将临门。

九二:孚乃利用禴(yuè),无咎。

地风升

鼓动群众

登高振臂,一呼天地,鼓动群众。

九三:升虚邑。

地风升

至诚

诚者,澄也。诚到极点,吉祥自来。

六四:王用亨于岐山,吉,无咎。

地风升

顺事

现在是最好的时间,最好的地点,最好的时机。

六五:贞吉,升阶。

地风升

水满则溢，
月满则亏

好运已经过去，等待以后时机重来。

上六：冥升，利于不息之贞。

天水讼

谁先道歉,谁先赢

071

先妥协半步,反而掌握了主动权。

讼卦

讼:有孚,窒惕。中吉,终凶。利见大人,不利涉大川。

天水讼

和为贵

到了谁输谁赢的地步,哪怕你赢了,最终也会反噬自己。

初六:不永所事,小有言,终吉。

天水讼

勿逞口舌之快

如果你在冲突中埋下了仇恨的种子,
即使短期内赢了,但放在长期你还是输了。

九二:不克讼,归而逋其邑人三百户,无眚。

天水讼

不要冒险

074
———

贵在坚持，贵在固守，贵在忍耐，一切自来。

六三：食旧德，贞厉，终吉。或从王事，无成。

天水讼

顺其自然

075

不可争论,顺其自然。

九四:不克讼,复即命。渝安,贞吉。

天水讼

化讼为颂,
逢凶化吉

"你说得对"能解一切苦厄。

076

九五:讼,元吉。

天水讼

不如不要

077

有些荣幸不一定是荣幸，不如不得。

上九：或锡之鞶（pán）带，终朝三褫（chǐ）之。

泽水困

痛而不苦，
困而不怨

少做事，多做梦，别折腾。此时不在于赢，而在于少输。

困卦

困：亨。贞，大人吉。无咎。有言不信。

泽水困

等一等，时机未到

或三个月或三年，随着天地变化才有机会走出来。

初六：臀困于株木，入于幽谷，三岁不觌(dí)，凶。

泽水困

一折腾，就是苦

没有折腾，就没有伤害。

九二：困于酒食，朱绂方来。利用享祀，征，凶，无咎。

泽水困

损老本

081

进退两难,守住本位,以等待天命。

六三:困于石,据于蒺藜;入于其宫,不见其妻,凶。

泽水困

不是不好，
只是不恰当

等着吧！

九四：来徐徐，困于金车，吝，有终。

泽水困

细细筹划

大直若屈,大巧若拙。木强则折,细细筹划。

九五:劓(yì)刖(yuè),困于赤绂;乃徐有说,利用祭祀。

泽水困

走出去

084

跳出三界外,不在五行中。与其原地挣扎,不如重谋出路。

上六:困于葛藟(lěi),于臲(niè)卼(wù),曰动悔有悔,征吉。

火水未济

颠沛流离

085

运途颠倒、颠沛流离,谨慎辨别你所处的环境,谨慎决定你的方向。

未济:亨。小狐汔济,濡其尾。无攸利。

火水未济

很难摆脱

086

末大必折,尾大不掉,很难摆脱。

初六:濡其尾,吝。

火水未济

路虽远，
行将至

要么斩断牵绊，要么负重前行，只要能出去，都是吉利的。

九二：曳其轮，贞吉。

火水未济

先走出去

088

不要想着赢,想着先出去。

六三:未济,征凶。利涉大川。

火水未济

柳暗花明

山重水复疑无路,柳暗花明又一村。

九四:贞吉,悔亡。震用伐鬼方,三年,有赏于大国。

火水未济

终得跨越

经过迫不得已的抗争,反而成就一番事业。

六五:贞吉,无悔。君子之光,有孚。吉。

火水未济

节制

091

快乐不可极致,欲望不可放纵。

上九:有孚,于饮酒,无咎。濡其首,有孚,失是。

雷水解

天降甘霖，
获得转机

天道不会永远坏下去，你不动，天地自然会动。

解：利西南。无所往，其来复。吉。有攸往，夙，吉。

雷水解

不求有功,但求无过

当作无事便可,不要无事生非。

初六:无咎。

雷水解

可得

正当好运,财利可获。

九二:田获三狐,得黄矢,贞吉。

雷水解

既有丰收，
也有风险

如果你的光芒成了别人的痛苦，风险就来了。

六三：负且乘，致寇至，贞吝。

雷水解

借力

借他人之力,才能成事。

九四:解而拇,朋至,斯孚。

雷水解

君子有解

按君子之道走,获得解脱之道;
按小人之道走,必被锁死。

六五:君子维,有解,吉。有孚于小人。

雷水解

再高点

每个人都能更厉害一百倍,只是不自知。
把目标设得高一点,你能行。

上六:公用射隼于高墉之上,获之,无不利。

风水涣

奔向远方,
成就梦想

脱离舒适区。真正优秀的人,
能很快重新找到自己的位置。

涣卦

涣:亨。王假有庙。利涉大川。利贞。

风水涣

找到身边贵人

一匹好马可助你远行,一个坚韧的朋友可助你高飞。

初六:用拯,马壮,吉。

风水涣

不忘初心

奔跑往远方的时候,既是离开也是回家。

九二:涣,奔其机,悔亡。

风水涣

无我

假如能够忘了自己,还会有什么祸患呢?

六三:涣其躬,无悔。

风水涣

回到老地方

你的出发,就是为了回来。

六四:涣其群,元吉。涣有丘,匪夷所思。

风水涣

有惊无险

也许会有巨大的损失,但没有巨大的忧虑。

九五:涣汗,其大号,涣王居,无咎。

风水涣

有牺牲

把旧血放掉,就会重新获得生机。

上九:涣,其血去,逖出,无咎。

坎为水

向内看，
还有救

走投无路的时候，
把自己拥有的资源一点点放大，就还有救。

坎卦

习坎：有孚。维心，亨，行有尚。

坎为水

要当心

107

当心有陷阱,会越陷越深,难以脱险。

初六:习坎,入于坎窞(dàn)。凶。

坎为水

小得

在困难当中,也会有新的收获。

九二:坎有险。求小得。

坎为水

继续往前跑

109

在黎明前的黑暗里坚持到底,得与不得全在这一重要时刻。

六三:来之坎坎,险且枕。入于坎窞,勿用。

坎为水

发挥潜能

110

你所拥有的东西,远较你以为的多。

六四:樽酒,簋贰。用缶,纳约自牖(yǒu),终无咎。

坎为水

无难

内心无惧,放下控制,才能真正进入顺境。

九五:坎不盈,祗既平。无咎。

坎为水

比想象的更困难

做好长期战斗的准备，学会苦中作乐。

上六：系用徽纆(mò)，寘于丛棘。三岁不得，凶。

山水蒙

有路就走，
能走就走

迷雾之中，但行好事，莫问前程。

蒙卦

蒙：亨。匪我求童蒙，童蒙求我。
初筮告，再三渎，渎则不告。利贞。

山水蒙

小心反噬

114

当你利用他人的时候,他人也会利用你。

初六:发蒙,利用刑人,用说桎梏。以往,吝。

山水蒙

原地绽放

如果走不脱,就在原地开花结果。

九二:包蒙,吉。纳妇,吉。子克家。

山水蒙

莫妄念

妄念之下,小则破财,大则伤身。

六三:勿用取女,见金夫,不有躬。无攸利。

山水蒙

知位守位

一个人不需要永远都要做点什么,
无能为力的时候,只需承认自己处于困难当中。

六四:困蒙,吝。

山水蒙

扛住

此时不在于做什么,而在于谁扛得住。

六五:童蒙,吉。

山水蒙

防守

做好防御,也是一种进攻。

上九:击蒙,不利为寇,利御寇。

地水师

汇聚
可用的力量

再小的资源，都可以为你所用。

师卦

师：贞。丈人吉，无咎。

地水师

凝聚力量，
同频共振

大家在一个频率上共振出来的力量，可以聚沙成塔。

初六：师出以律，否臧凶。

地水师

能成

战必胜,攻必得。

九二:在师中,吉,无咎。王三锡命。

地水师

大失利

车毁物丢,不可不防。

六三:师或舆尸,凶。

地水师

人生
不止前后

左右两侧、旁门左道,也都是路。

六四:师左次,无咎。

地水师

知人善任

善用人优势是本能,善用人弱势是本事,
若用人得当,则谋望可成。

六五:田有禽,利执言,无咎。长子帅师,弟子舆尸,贞凶。

地水师

小人勿用

不要对小人有任何的幻想,各行其道即可。

上六:大君有命:开国承家,小人勿用。

天山遁

升维超越

127

换个方式，超越自我；换个赛道，重新开始。
用超越的方式隐遁。

遁卦

遁：亨。小利贞。

天山遁

跑不了多远

身有累赘,无法远行。

初六:遁尾,厉。勿用有攸往。

天山遁

无忧

知位守位,知权达变,做好自己的本分,自然无忧。

六二:执之,用黄牛之革,莫之胜说。

天山遁

莫强求

不要试图绑住有生命力的东西,
拿多余的精力去投资其他吧!

九三:系遁,有疾厉。畜臣妾,吉。

天山遁

君子吉,小人凶

君子所好,乐知天命,则吉。

九四:好遁。君子吉。小人否。

天山遁

识时务

多余的钱带来多余的烦恼,审时度势,适可而止。

九五:嘉遁,贞吉。

天山遁

进退皆宜

境遇本无好坏,顺逆全因自己。

上九:肥遁,无不利。

泽山咸

意气相投

有爱力的人,就会有人爱他。

咸卦

咸:亨。利贞。取女,吉。

泽山咸

有意向

135

第一眼喜欢上的,就是对的。

初六:咸其拇。

泽山咸

要停止

不强求,勿越界,不逾矩。

六二:咸其腓,凶。居,吉。

泽山咸

停

退守是前进的另一种方式。

九三:咸其股。执其随,往,吝。

泽山咸

终得

虽经历一次次失败,最后还是遂了你的心愿。

九四:贞吉,悔亡,憧憧往来,朋从尔思。

泽山咸

无悔

139

身心与当下合一,无所得也无所失。

九五:咸其脢,无悔。

泽山咸

当心口舌祸患

空谈相争无益,实际行动才可贯通。

上六:咸其辅、颊、舌。

火山旅

离开

山不转水转,不要留在一个框住你的地方。

旅卦

旅:小亨。旅,贞吉。

火山旅

初始艰难

走出去的初期,会有陷阱,很艰辛,要小心。

初六:旅,琐琐,斯其所,取灾。

火山旅

虽难，
有小得

即使人在囧途，也会有一些新收获。

六二：旅，即次，怀其资。得童仆，贞。

火山旅

运途颠倒

也许会失去贴身的钱、物和亲近的人。

九三：旅，焚其次，丧其童仆，贞厉。

火山旅

忧心

你得到了东西,但并没有让你快乐。

九四:旅于处,得其资斧,我心不快。

火山旅

虽小失，有大得

小往大来，终究有喜庆。

六五：射雉，一矢亡，终以誉命。

火山旅

乐极生悲

147

先成后散,先喜后悲,凶。

上九:鸟焚其巢,旅人先笑后号咷。丧牛于易,凶。

雷山小过

不谋大事

可谋小事,不可谋大事。

小过

小过:亨。利贞。可小事,不可大事。
飞鸟遗之音,不宜上,宜下,大吉。

雷山小过

守本分

不自量力,必自败也。

初六:飞鸟,以凶。

雷山小过

不得其全,
尤得其半

即使得不到全部,也能得中位。

六二:过其祖,遇其妣。不及其君,遇其臣。无咎。

雷山小过

提防

没有祸害,但要提防。不追,不行,不谋。

九三:弗过,防之。从或戕(qiāng)之,凶。

雷山小过

不妄动

152

每个人都有倒霉的时期,坚守原则,守住底线,不要冒进。

九四:无咎,弗过遇之,往厉,必戒,勿用永贞。

雷山小过

难成大事，
只可小得

正确的人，正确的地方，
会因为不正确的时间，让一切变坏。

六五：密云不雨，自我西郊，公弋，取彼在穴。

雷山小过

忘乎所以，危险

人生达到一定高度的时候，按照之前的方式思考和做事，本身就存在很大的风险。

上六：弗遇，过之，飞鸟离之，凶，是谓灾眚（shěng）。

风山渐

病得慢慢好，钱要慢慢赚

做一个长期主义者，等得起、等得对。

渐卦

渐：女归吉。利贞。

风山渐

相信本身
就是力量

相信"相信"的力量,不管是心理力量还是量子力量。

初六:鸿见于干。小子厉,有言。无咎。

风山渐

安乐

渐近渐高,自以为乐。

六二:鸿渐于磐。饮食衎衎。吉。

风山渐

凶

坏运气会趁你身体不适、精力不集中、能量不好的时候突然袭击你。

九三：鸿渐于陆。夫征不复。妇孕不育。凶。利御寇。

风山渐

臣服

命运给你什么,就接纳什么。

六四:鸿渐于木,或得其桷。无咎。

风山渐

厚积薄发

一个人,一辈子能干成一件事就不错了。

九五:鸿见于陵,妇三岁不孕,终莫之胜,吉。

风山渐

是时候了

是时候出来做事情了,攻无不克。

上九:鸿渐于陆,其羽可用为仪,吉。

水山蹇

艰难

永远不要放弃做白日梦的能力,此时保持信心,才叫信仰。

蹇卦

蹇(jiǎn):利西南,不利东北。利见大人,贞吉。

水山蹇

等

该吃饭吃饭,该睡觉睡觉,让万物自己修复。

初六:往蹇,来誉。

水山蹇

身不由己

十分的努力,不见得能有十分的收获。

六二:王臣蹇蹇,匪躬之故。

水山蹇

在艰难中
看到机会

上帝关上一扇门的时候，一定会开一扇窗。

九三：往蹇，来反。

水山蹇

找同伴，共克时艰

一个人走得快，一群人走得远。
越艰难，越要抱团闯关。

六四：往蹇，来连。

水山蹇

黎明前的黑暗

艰难频频而来，也意味着坏运即将过去。
越是这种时刻，越要守住。

九五：大蹇朋来。

水山蹇

大难已过

绝望之后,自然会涌现出力量。

上六:往蹇,来硕,吉。利见大人。

艮为山

欲动而不能动

守得住底线,耐得住寂寞,抵得住诱惑。

艮卦

艮:艮其背,不获其身。行其庭,不见其人。无咎。

艮为山

好事慢慢来

发乎情,止乎礼。

初六:艮其趾,无咎。利永贞。

艮为山

停

学会积极、主动地停下来。

六二：艮其腓，不拯其随，其心不快。

艮为山

静观其变

有节制、有节奏、有节操。

九三：艮其限，列其夤(yín)，厉薰心。

艮为山

独善其身

不要当拯救者,也不要等着被拯救。

六四:艮其身,无咎。

艮为山

从小做起

踏踏实实,稳扎稳打。

六五:艮其辅,言有序,悔亡。

艮为山

以静制动

175

能量、资源、吸引力都有，
但仍然愿意静止，这是高级的停止。

上九：敦艮，吉。

地山谦

自强而示弱

遇强不弱,遇弱不强。

谦卦

谦:亨,君子有终。

地山谦

低调方能如愿

越是低调,越能如愿。

初六:谦谦君子,用涉大川,吉。

地山谦

少说为宜

178

说多了,哪怕说得是对的也是错的。

六二:鸣谦,贞吉。

地山谦

积极地
不作为

克制消费的欲望，克制工作的欲望，克制表达的欲望。

九三：劳谦，君子有终，吉。

地山谦

无差别谦和

对一个人保持谦和容易,对所有人保持谦和很难。

六四:无不利,㧑谦。

地山谦

该出手时就出手

该当机立断了,不是永远都要韬光养晦。

六五:不富,以其邻。利用侵伐,无不利。

地山谦

菩萨心肠,雷霆手段

需要承担的时候,你是需要承担的。
做正确的事,哪怕有代价。

上六:鸣谦,利用行师,征邑国。

天地否

上下不通

天地不交,风雨不调。勤俭低欲,
以避开不必要的危险。

否卦

否:否之匪人,不利君子。贞。大往小来。

天地否

慎重

你是那个割韭菜的人,还是被割的韭菜?

初六:拔茅茹,以其汇,贞吉。亨。

天地否

小人得势

185

小人得势,君子不利。基于物质、利益的层面是好的,基于信仰、理想层面的,行不通。

六二:包承,小人吉,大人否亨。

天地否

务实

不要患上伪知识分子妄想症,回到踏踏实实的日子中来。

六三:包羞。

天地否

天命已定

187

做该做的事,你配得上即将得到的一切。

九四:有命,无咎。畴离祉。

天地否

超越轮回，超越生死

看见生命的无可奈何，完成对无可奈何的超越。

九五：休否，大人吉。其亡，其亡，系于苞桑。

天地否

把苦难变成笑话

看见，接受，归零，自在。

上九：倾否，先否后喜。

泽地萃

团结一切力量

把资源进行归拢,该攒的攒,该和的和。

萃卦

萃:亨。王假有庙。利见大人,亨,利贞。用大牲吉。利有攸往。

泽地萃

不惧

乱象中有生机。

初六：有孚不终，乃乱，乃萃。若号，一握为笑。勿恤，往无咎。

泽地萃

自有天佑

成功不仅仅是你的努力使然,
还有一种冥冥当中的保佑。

六二:引吉,无咎。孚乃利用禴(yuè)。

泽地萃

出去转转

193

停一停,转一转,节奏就会变。

六三:萃如、嗟如,无攸利。往无咎,小吝。

泽地萃

退半步,留半手

特别完满之时,退半步、留半手,方能有始有终。

九四:大吉,无咎。

泽地萃

守住内心

特别容易着急的人,福德有限,难成大事。

九五:萃有位,无咎,匪孚。元,永贞,悔亡。

泽地萃

会变卦的

196

会变卦的,上苍有好生之德。

上六:赍(jī)咨涕洟,无咎。

火地晋

晋升

上升的代价是失去。

晋卦

晋：康侯用锡马蕃庶，昼日三接。

火地晋

新上任，莫点火

上升意味着中枪，新官上任三把火，这很危险。

初六：晋如，摧如，贞吉。罔，孚裕，无咎。

火地晋

新的身份，
需要新的能力

好好想想：你从哪里来，你要回到哪里去。

六二：晋如，愁如。贞吉。受兹介福，于其王母。

火地晋

没什么好后悔的

你允许痛苦的存在,万物也允许你的存在。

六三:众允,悔亡。

火地晋

有新的危机

201

位置稳了,新的问题也来了。
用霹雳手段,遏制危机。

九四:晋如鼫鼠。贞厉。

火地晋

得到的代价是失去

失与得同时存在,学会放弃一些东西,就会暗暗获得一些新的东西。

六五:悔亡,失得,勿恤。往,吉,无不利。

火地晋

权力即阻力

你所拥有的权力,会变成你前进的阻力。

上九:晋,其角维,用伐邑,厉,吉,无咎,贞吝。

雷地豫

释放快乐，
释放恐惧

释放完快乐后，要有抓地起飞的意愿。

豫卦

豫：利建侯，行师。

雷地豫

莫得意

成功的时候,外显出很成功的样子,
是非常危险的。

初六:鸣豫,凶。

雷地豫

太舒服，
不长久

压力是最好的抗衰剂。

六二：介于石，不终日。贞吉。

雷地豫

生于忧患，死于安乐

骄而乐，会后悔。

六三：盱（xū）豫，悔。迟有悔。

雷地豫

犹豫一下

至少掌握100种思维方法,
犹豫一下,大有好处。

九四:由豫,大有得。勿疑,朋盍(hé)簪(zān)。

雷地豫

归来

出行有疾,归则不死。

六五:贞疾。恒不死。

雷地豫

小心驶得万年船

小心不是为了成功，而是为了长久。

上六：冥豫。成有渝，无咎。

风地观

扫除积习，
答案自来

想成为一个更好的你、更一致的你、
更真实的你，把自己的杂念去掉就可以了。

观卦

观：盥而不荐。有孚，颙（yóng）若。

风地观

无碍

普通人是无咎的,君子不是很爽。

初六:童观,小人无咎,君子吝。

风地观

事以密成

重要的事不能讲,
能讲出来的都不是重要的事。

六二:窥观,利女贞。

风地观

身心清白，
方可进退自如

如果一个人进退之间总是犹犹豫豫、扭扭捏捏，意味着心里不干净。

六三：观，我生进退。

风地观

得誉

215

抹去心里的灰尘,
让本体涌现出炽热的光明之心。

六四:观,国之光,利用宾于王。

风地观

去杂念

天知、地知、无人知的情况之下,
你的起心动念也是有力量的。

九五:观我生,君子无咎。

风地观

帮助他人

帮别人,己无害。

上九:观其生,君子无咎。

水地比

吸纳善缘

当你内心里有一个主见的时候,
一切都可以为你所用。

比卦

比:吉。原筮,元。永贞,无咎。不宁方来,后夫凶。

水地比

集中力量

资源归于一体,集中力量解决问题。

初六:有孚比之,无咎。有孚盈缶,终来有它,吉。

水地比

有人辅佐

每个人都是别人的辅助者,也是自己的主人。

六二:比之自内,贞吉。

水地比

所遇非人

当心合作之人,志趣不投,八字不合。

六三:比之匪人,(凶)。

水地比

引入外援

向外看,向外走,引入外援。

六四:外比之,贞吉。

水地比

英雄寂寞

帮助你的人,不一定能够真正帮助到你。

九五:显比,王用三驱,失前禽,邑人不诫,吉。

水地比

盛极而衰

盛极而衰,群龙无首,没有方向,不合于道。

上六:比之无首,凶。

山地剥

面对不可改变的改变

面对无可改变的宇宙运行规则,
淡然应对就好。

剥卦

剥:不利有攸往。

山地剥

凶

正值消剥的阶段,小心自毁根基。

初六:剥床以足。蔑贞,凶。

山地剥

不堪

227

剖开真相,全是不堪。

六二:剥床以辨。蔑贞,凶。

山地剥

不太好，
也不太坏

当你接受人间的真相，你不会有太多同情、不会有太多愤怒，也不会有太多不解。

六三：剥之，无咎。

山地剥

大事化小

小心不期而遇的伤害。
大事化小,小事化了。

六四:剥床以肤,凶。

山地剥

瓮中捉鳖

230

一网打尽、瓮中捉鳖,无往不利。

六五:贯鱼,以宫。入宠,无不利。

山地剥

各得其所

有些人是扛大事的,有些人只适合担小事。

上九:硕果不食,君子得舆,小人剥庐。

地雷复

一元来复

以不变应万变,在最绝望、最阴郁、最无奈的时候,只要你静待,运气就会回来。

复卦

复:亨。出入无疾。朋来无咎。反复其道,七日来复。利有攸往。

地雷复

失而复得

物质不灭,失去的总会回来。

初九:不远复,无祗悔。元吉。

地雷复

以休息的方式
等待

天地不会斩草除根,一切出去的,都会回来。

六二:休复。吉。

地雷复

处乱不惊

235

此时过多操作,反而会自乱阵脚。

六三:频复。厉,无咎。

地雷复

享受孤独

真正的高手，都有孤独得起的能力。

六四：中行，独复。

地雷复

坦坦荡荡

出去的时候有方向,回来的时候有力量,
改变的时候很坦荡。

六五:敦复,无悔。

地雷复

跌宕起伏

238

变化本身只是变化而已,因为变化导致情绪的变化,才会真正伤害到你。

上六:迷复,凶。有灾眚。用行师,终有大败,以其国君,凶。至于十年,不克征。

山雷颐

慎言语，
节饮食

祸从口出，病从口入。

颐卦

颐：贞吉，观颐。自求口实。

山雷颐

嗜欲深者
天机浅

随便找个理由让自己苟且的人,
这很危险。

初九:舍尔灵龟,观我朵颐。凶。

山雷颐

不节制，违天道

过度追求经济扩张，追求财富膨胀，已经有违天道。

六二：颠颐，拂经，于丘颐。征凶。

山雷颐

无作为，
无所用

落入被动的场景，怎么都不对。

六三：拂颐，贞凶。十年勿用。无攸利。

山雷颐

天无绝人之路

久旱逢甘霖，即使大快朵颐也无灾祸。

六四：颠颐，吉。虎视眈眈，其欲逐逐。无咎。

山雷颐

安居

244

安居于当下,安居于内在,安居于自己能力范围。
要么当员外,要么在方外。

六五:拂经,居贞。吉。不可涉大川。

山雷颐

虽有惊，但无险

待在本地的时候，你的心里可以怀着世界；
去到世界任何地方，你也能够成为自己。

上九：由颐，厉。吉。利涉大川。

水雷屯

蠢蠢欲动

云雷激撞,生命伊始。
经历一系列折腾和不确定后,
将进入到常态的可持续发展中。

屯卦

屯:元亨,利贞。勿用有攸往。利建侯。

水雷屯

以不动为用

以不动为用,以储备资源为用。

初九:磐桓。利居贞,利建侯。

水雷屯

霸王硬上弓

248

外在之力势不可当,要对你强行赋能。

六二:屯如邅(zhān)如,乘马班如,匪寇,婚媾。女子贞,不字。十年乃字。

水雷屯

要追的，没追到

进退维谷，继续往下很危险。

六三：即鹿无虞。惟入于林中。君子几，不如舍。往，吝。

水雷屯

独木难为林

250

联合能够联合的力量。

六四:乘马班如,求婚媾。往,吉,无不利。

水雷屯

量力而行

年富力强,去做;垂垂老矣,休养。

九五:屯其膏。小贞吉,大贞凶。

水雷屯

奋起

因忧惧而奋起,就不难转祸为福。

上六:乘马班如,泣血涟如。

风雷益

改变旧面貌，创造新局面

许多事情只要稍微做一下调整，立刻就能看见巨大的变化。

益卦

益：利有攸往。利涉大川。

风雷益

大有可为

重新出发,重新启动,大有可为。

初九:利用为大作,元吉,无咎。

风雷益

意外之喜

坚守你的原则,会有意外之财,意外之喜。

六二:或益之十朋之龟。弗克违,永贞,吉。王用享于帝。吉。

风雷益

有得必有失，
有失必有得

世界会用一种你想不到的方式回馈你。

六三：益之，用凶事，无咎。有孚，中行。告公，用圭。

风雷益

坦荡的人
终有福报

257

选择走一条看似没有创意的路,
其实是最正确的路。

六四:中行,告公从,利用为依迁国。

风雷益

好心无歹运

258

不只做坏事才是恶,愧疚感本身也是一种恶。

九五:有孚,惠心。勿问,元吉。有孚,惠我德。

风雷益

给予
是一门艺术

不要给太多,
不要随意拿,不要心怀怨恨。

上九:莫益之,或击之。立心勿恒,凶。

震为雷

巨大的震荡，
伴随巨大的机会

震动本身并不会带来危难，
你对震动的过度担忧才会。

震卦

震：亨。震来虩（xì）虩，笑言哑哑，震惊百里，不丧匕鬯（chàng）。

震为雷

处变不惊

别人贪婪的时候我恐惧,
别人恐惧的时候我贪婪。

初九:震来虩虩,后笑言哑哑,吉。

震为雷

不动
也是一种动

不动,是若干种"动"里最有效的一种选择。

六二:震来厉。亿丧贝,跻于九陵。勿逐,七日得。

震为雷

还有余震

263

最大的动荡已经结束,余震还在继续。

六三:震苏苏,震行,无眚。

震为雷

别折腾

防止自己被震荡套牢的方式,就是关掉手机,别看、别想、别折腾。

九四:震遂泥。

震为雷

别担忧

会给你带来损失，但不会带来致命损失。

六五：震，往来，厉，亿，无丧，有事。

震为雷

借恐惧修省

所有的折腾,只要不被折腾死,都不过是个玩笑。

上六:震索索,视矍(jué)矍,征凶。
震不于其躬,于其邻,无咎。婚媾,有言。

火雷噬嗑

利用束缚

那些束缚你的,正是你最应该利用的。

噬嗑

噬嗑:亨。利用狱。

火雷噬嗑

舍车保帅

在当下懂得放弃一些东西,在未来就能获得一些东西。

初九:屦校,灭趾。无咎。

火雷噬嗑

天地不仁

269

我们吃食物，终将也会被天地吃掉，这就是生命。

六二：噬肤，灭鼻。无咎。

火雷噬嗑

有小灾,无大害

获得不一定是好的,失去不一定是坏的。

六三:噬腊肉,遇毒。小吝,无咎。

火雷噬嗑

你会遭遇许多好，也会遭遇许多坏

一些收获里带有诅咒，一些灾祸里也暗含着祝福。

九四：噬干胏，得金矢。利艰，贞吉。

消灭不了你的,终将成就你

任何困难、诱惑、给予、限制,
消灭不了你的,终将成就你。

六五:噬干肉,得黄金。贞厉,无咎。

火雷噬嗑

难免凶险

一段大运已经终结,若任性用刚,难免凶险。

上九:何校,灭耳。凶。

泽雷随

追随

成长最好的策略是跟随。

随卦

随:元亨。利贞,无咎。

泽雷随

向外走

一旦开始挪动,就是起运的开始。

初九:官有渝。贞吉。出门交有功。

泽雷随

贪小失大

会有小利,但也会失去大利。

六二:系小子,失丈夫。

泽雷随

不拘小节

保持战略定力。
当下屏蔽小错误,长远就能获得大收益。

六三:系丈夫,失小子。随,有求,得利。居贞。

泽雷随

收获里
藏着凶险

有坏事在路上,但既已知,无可避,又何须畏惧呢?

九四:随,有获,贞凶。有孚在道。以明,何咎?

泽雷随

即将见分晓

正在进行的事情有了结果,落袋为安。

九五:孚于嘉,吉。

泽雷随

不是跟随，而是超越

不拘泥于局部小利益，
为更高、更远大的事业奉献。

上六：拘系之，乃从。维之，王用亨于西山。

天雷无妄

难得糊涂

281

一个人活到"解释不了"的境界时,
是他获得解脱的开始。

无妄:元亨。利贞。其匪正,有眚。不利有攸往。

天雷无妄

自然而然,做你自己

如果你是花,你自然就香,
你就活在志向里,你就活在春风里。

初九:无妄,往,吉。

天雷无妄

无为而获

你以为你的收获是努力的结果,
其实不过是天道不小心甩给你的,仅此而已。

六二:不耕获。不菑(zī)畲(yú)。则利,有攸往。

天雷无妄

你的得失，
都是无妄

不要以为，你现在得到的就是得到；
也不要以为，你现在失去的就是失去。

六三：无妄之灾，或系之牛，行人之得，邑人之灾。

天雷无妄

无得失

有得必有失,有失必有得,这就是天道。

九四:可贞,无咎。

很多问题，不是问题

如果从局部着手解决问题，问题更难解决。

九五：无妄之疾，勿药，有喜。

天雷无妄

接受糊涂

接受自己糊里糊涂地到来,
接受自己稀里糊涂地得到,
接受自己稀里糊涂地失去。

上九:无妄行,有眚,无攸利。

地火明夷

隐藏光芒,蛰伏为上

智慧不用,权力不用,能量不用,隐藏自我,潜龙勿用。

明夷

明夷:利艰贞。

地火明夷

祸不单行

曾经飞得有多高,小心摔得就有多惨。

初九:明夷于飞? 垂其翼。
君子于行? 三日不食。有攸往,主人有言。

地火明夷

任何一次受伤，都是机会

上苍有好生之德，
你的心不在这个地方死，就会在那个地方活。

六二：明夷，夷于左股。用拯。马壮，吉。

地火明夷

不可久留

有所获,但不见得是好事,不可久留。

九三:明夷于南,狩,得其大首。不可,疾贞。

地火明夷

浮浮沉沉

在成大事之前,都会经历若干次沉浮。

六四:入于左腹,获明夷之心,于出门庭。

地火明夷

利远行

这里不受待见,那里还有希望。
用你的隐忍,获得新的机会。

六五:箕子之明夷,利贞。

地火明夷

暗处之后
还有暗处

比糟糕还要糟糕的境遇,持续时长比你想象的更久。
只要我们不变糟糕,敌人就会变得比我们更糟糕。

上六:不明,晦。初登于天,后入于地。

山火贲

开始奔跑

先跑、后跑不重要,重要的是开始跑。

贲卦

贲:亨。小利有攸往。

山火贲

心理断奶

你获得了个体的自由,但失去了集体的呵护。

初九:贲其趾,舍车而徒。

山火贲

加速度

你已经踏上高速列车,你就得继续奔跑。

六二:贲,其须。

山火贲

跑也得跑，
不跑也得跑

只要你一直奔跑，就会有人跟随。

九三：贲如，濡如。永贞，吉。

山火贲

化敌为友

奔跑是为了寻找同伴,而不是为了寻找对手。

六四:贲如,皤如。白马翰如,匪寇,婚媾。

山火贲

坚持就是胜利

300

快跑、慢跑不重要,重要的是坚持一直跑。

六五:贲于丘园,束帛戋戋。吝,终吉。

山火贲

跑到哪里不重要，跑才重要

奔跑的本身，就是奔跑的意义。

上九：白贲，无咎。

水火既济

不得解脱

渡过一条河,还有一条河。
过去了如何,解决了如何,解脱了又如何?

既济

既济:亨,小,利。贞,初吉,终乱。

水火既济

终可得

仅仅是暂时得不到,但不会永远得不到。

初九:曳其轮,濡其尾,无咎。

水火既济

丢东西，不重要

连解决问题都不重要了，
在解决问题的过程中丢了东西还重要吗？

六二：妇丧其茀(fú)，勿逐，七日得。

水火既济

勿用小人

临时拼凑起来的团队,带不动、行不通。

九三:高宗伐鬼方,三年克之。小人勿用。

水火既济

出戏

入戏可以很深,出戏一定要快。

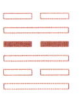

六四:繻(xū)有衣袽(rú),终日戒。

水火既济

用力过猛

307

你不过是一个假装奋斗了一辈子的人而已。

九五:东邻杀牛,不如西邻之禴(yuè)祭。实受其福。

水火既济

放下

人生所有的拿起,都是为了放下。

上六:濡其首,厉。

风火家人

风火相旺，无不成功

当你配得上成功，成功自然到来。

家人

家人：利女贞。

风火家人

得女人心者得天下

女人用隐秘的方式决定着这一切。

初九：闲有家，悔亡。

风火家人

含光内守

成为一个走到自己的身后的人,
不笑、不哭、戚戚然。

六二:无攸遂,在中馈,贞吉。

风火家人

约束

倘若一味逐乐,必将一事无成。

九三:家人嗃嗃,悔厉,吉。妇子嘻嘻,终吝。

风火家人

守坤德

守住你的坤德,财富自然到家。

六四:富家,大吉。

风火家人

终得正果

好运来了,福气到了。

九五:王假有家,勿恤,吉。

风火家人

修身齐家

欲齐其家者,先修其身。

上九:有孚,威如,终吉。

雷火丰

懂得收

生命的高光时刻,要懂得收。

丰卦

丰:亨。王假之。勿忧,宜日中。

雷火丰

大运起点

没有正确和错误的人和事,只有在合适的时间做合适的事情,去遇见合适的人。

初九:遇其配主。虽旬。无咎。往有尚。

雷火丰

表达出来

318

蒙难时坚贞对待,自然可以逢凶化吉。
病邪本身就在你的身体里,把这个病发散出来就好了。

六二:丰其蔀。日中见斗。往得疑疾。有孚,发若,吉。

雷火丰

有小伤，
但无恙

运程颠倒，明明是白天，却像夜晚一样。

九三：丰其沛。日中见沫。折其右肱。无咎。

雷火丰

拨云见日

不畏浮云遮望眼,守得云开见月明。

九四:丰其蔀。日中见斗。遇其夷主,吉。

雷火丰

高光时刻

每个人总会有自己的高光时刻，
少年得志也好，壮年得志也好，
总是有机会的。

六五：来章。有庆誉，吉。

雷火丰

把心装在腔子里

任何时候都不可以太过,
哪怕是在天地给你最好祝福的时刻。

上六:丰其屋。蔀其家,窥其户,阒(qù)其无人,三岁不觌,凶。

离为火

一片光明，
一片不确定

火能带来温暖，火也能带来灾难。
文明会带来发展，文明也会带来异化。

离卦

离：利贞，亨。畜牝牛，吉。

离为火

错位

谁的新欢不是旧爱。

初九:履错然。敬之,无咎。

离为火

元吉

很多事情,在初期的时候给你带来的都是美好。

六二:黄离,元吉。

离为火

乐中生悲

乐中生悲,吉中生愁,日薄西山,有失时宜。

九三:日昃(zè)之离,不鼓缶而歌,则大耋之嗟,凶。

离为火

因为毁灭
而有生机

野火烧不尽,春风吹又生。

九四:突如,其来如,焚如,死如,弃如。

离为火

置之死地而后生

让你无所适从的事情,带来了某一种转机。

六五:出涕沱若,戚嗟若。吉。

离为火

他处可得

借用别人的资源,度过自己的危机。

上九:王用出征,有嘉折首,获匪其丑,无咎。

泽火革

变革

不以人类意志为转移的大变革正在涌现。

革卦

革：巳日，乃孚，元亨，利贞，悔亡。

泽火革

付出大成本

先立大志,巩固基础,等待时机。
启动变革前,要有大愿景,要下大决心,
要付大成本,交出大宝贝。

初九:巩用黄牛之革。

泽火革

发大愿

大变革的开始,最重要的不是出发,
而是祈祷和许愿,累积你的福德资粮。

六二:已日,乃革之,征吉,无咎。

泽火革

变革越大，代价就越大

333

你要充分意识到风险之大、成本之高、前途之危险。

九三：征凶，贞厉。革言三就，有孚。

泽火革

能干成

只要没被干倒,你就能干成。
消灭不了你的,最终都会成就你。

九四:悔亡,有孚。改命,吉。

泽火革

制定大原则

你是设计底层规则的大人。

九五:大人虎变,未占有孚。

泽火革

跟随

不能创造历史,也不能主导历史的人,
要做的就是跟随历史。

上六:君子豹变,小人革面,征凶,居贞吉。

天火同人

逆袭

翻天覆地的革命,都是从底层开始的。

同人

同人:同人于野,亨。利涉大川,利君子贞。

天火同人

团结

只要够团结,乌合之众也能成气候。

初九:同人于门,无咎。

天火同人

事多不定

面合心不合,易起是非。

六二:同人于宗,吝。

天火同人

蛰伏

干大事之前,必然经过一个蛰伏的过程。

九三:伏戎于莽,升其高陵,三岁不兴。

天火同人

多提防

处处留心皆学问。

九四:乘其墉,弗克攻,吉。

天火同人

狭路相逢勇者胜

谁不怕,谁混不吝,谁就有可能赢。

九五:同人,先号咷(táo)而后笑,大师克相遇。

天火同人

翻盘

343

团结能团结的力量,眼睛不断往上看,身段不断往下放。

上九:同人于郊,无悔。

地泽临

要当心

344

世上总有悲剧,不代表你没有快乐的能力。

临卦

临:元亨。利贞。至于八月,有凶。

地泽临

适逢甘露

你会得到从天而降的加持,
让异动的心、烦躁的心、枯萎的心重新复苏。

初九:咸临,贞吉。

地泽临

知足

346

没什么好，也没什么不好。

九二：咸临，吉，无不利。

地泽临

有小忧，无大患

欲望少了很多，痛苦就也少了很多。

六三：甘临，无攸利。既忧之，无咎。

地泽临

小心泛滥

给你的资源过多了,会导致很多不必要的泛滥。

六四:至临,无咎。

地泽临

主动调节

知时机,晓变通。天道不可调,但人道可调。世界是不能改变的,但人是可以改变的。

六五:知临,大君之宜。吉。

地泽临

无须害怕

世上有很多危险,
但人总是可以在这些危险中做出小小的选择。

上六:敦临,吉,无咎。

山泽损

做减法

到达顶点之后,必然要做减法。

损卦

损:有孚。元吉。无咎。可贞。利有攸往。曷(hé)之用二簋,可用享。

山泽损

速战速决

哪怕是重要的事情,也可以速来速往,速战速决。

初九:已事,遄(chuán)往。无咎,酌损之。

山泽损

追加

敌人是弹簧,你弱他就强。
追加也是一种止损的策略。

九二:利贞,征凶。弗损,益之。

山泽损

细水长流

减少投入规模,增加投入次数,用时间换空间,也是止损的策略。

六三:三人行,则损一人。一人行,则得其友。

山泽损

快进快出

快进快出,以防生变。

六四:损其疾。使遄有喜。无咎。

山泽损

会有意外收获

突如其来的一些好事降临,
你值得拥有这些好事。

六五:或益之十朋之龟,弗克违,元吉。

山泽损

去远方

你可能会在远方,得到一个原本不属于你的收获。

上九:弗损,益之,无咎,贞吉。利有攸往,得臣无家。

水泽节

凡事有度

没有一个标准是完美的,
没有一套打法是永恒的。

节卦

节:亨。苦节,不可贞。

水泽节

待着

此时还不具备出去的力量,非要出去是不好的。

初九:不出户庭,无咎。

水泽节

走出去

你之所以想要表达,是因为内在有表达的需要。
之所以想要出去,是因为有出去的势能。

九二:不出门庭,凶。

水泽节

失意

如果随意释放自己的情绪,
开始是爱,接下来就是失意,最后就是绝望。

六三:不节若,则嗟若。无咎。

水泽节

既要尽人事，又要安天命

既要努力，也要遵从宇宙法则的限制。

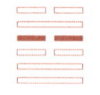

六四：安节，亨。

水泽节

苦尽甘来

不要对苦尽甘来有误解,甘苦本是同根生。

九五:甘节,吉。往有尚。

水泽节

莫极致

极致会带来苦,这种苦最终会流回你的生命。
偶然放纵,偶尔预警,松中有紧,紧中有松。

上六:苦节,贞凶。悔亡。

风泽中孚

小心陷阱

你以为他人掉入了你的圈套,
你又怎么知道你没有掉入他人的圈套呢?

中孚:豚鱼,吉。利涉大川。利贞。

风泽中孚

有隐忧

风光与危险相伴,丰盛中藏着隐忧。

初九:虞吉。有它不燕。

风泽中孚

放松下来

人生无非就是在苦中作乐,忙里偷闲。

九二:鸣鹤在阴,其子和之。我有好爵,吾与尔靡之。

风泽中孚

忽成忽败

人生就是在一段又一段的紧张中,在空隙里寻找快乐。

六三:得敌。或鼓或罢。或泣或歌。

风泽中孚

有失有得

得失不过是在一系列的悲剧当中,
那一点点自主的时光而已。

六四:月几望,马匹亡,无咎。

风泽中孚

抓住机会

机会从天而降,一切无咎。

九五:有孚,挛如,无咎。

风泽中孚

多凶险

不是已掉进陷阱里,就是正在掉往陷阱的路上。

上九:翰音登于天,贞凶。

雷泽归妹

错配

那一些不经意出现的东西,往往成了最重要的结果。

归妹:征凶,无攸利。

雷泽归妹

靠他人

只能依靠他人成事,不要独断专行。

初九:归妹以娣。跛能履。征吉。

雷泽归妹

一切皆有可能

你以为这是陷阱,掉下去后发现陷阱底下有一颗珍珠。

九二:眇能视。利幽人之贞。

雷泽归妹

所得非想要

目标成为了手段,而伴随的手段成了最终的结果。

六三:归妹以须,反归以娣。

雷泽归妹

等不到了

376
———

所谓的"再等等",就是再也等不到了。

九四:归妹愆期,迟归有时。

雷泽归妹

做配角

目标不过是过程,备胎才是未来的伏笔。

六五:帝乙归妹,其君之袂,不如其娣之袂良。月几望,吉。

雷泽归妹

一场空

人生没有一个真正的结果,
每一个结果都不过是另外一些事情的因缘。
因就是果,果就是因。

上六:女承筐,无实。士刲羊,无血。无攸利。

火泽睽

可做小事，
不可做大事

那些匪夷所思的外象，
可能是一个提醒——待在舒适圈里。

睽卦

睽：小事吉。

火泽睽

不必计较

遇坏人,非坏事。

初九:悔亡,丧马。勿逐,自复。见恶人,无咎。

火泽睽

邂逅贵人

381

身处陋巷,风雨飘摇,
邂逅贵人,大有转机。

六二:遇主于巷。无咎。

火泽睽

虽险却顺

一切坏事也可为你所用。

六三：见舆曳，其牛掣。其人天且劓(yì)，无初，有终。

火泽睽

转危为安

化险为夷,转危为安。

九四:睽孤,遇元夫,交孚。厉,无咎。

火泽睽

不用害怕

亲近那个你希望成为的人,有人相助,不用担心。

六五:悔亡,厥宗,噬肤。往何咎。

火泽睽

反转

之前匪夷所思,现在勉为其难,将来理所当然。

上九:睽孤,见豕负涂,载鬼一车,先张之弧,后说之弧。匪寇,婚媾。往,遇雨则吉。

兑为泽

兼并

你不抢夺别人的,就是别人抢夺你的。
通过兼并,慢慢壮大。

兑卦

兑:亨。利贞。

兑为泽

以和为贵

以和为贵,凡事都吉。

初九:和兑,吉。

兑为泽

争夺

把别人的变成你的。

九二：孚兑，吉，悔亡。

兑为泽

有人来夺

389

能被抢走的,说明也不值得留下来。

六三:来兑,凶。

兑为泽

争吵之时

凡是经历过一些修炼的,中间一定有无数的争吵。

九四:商兑。未宁。介疾,有喜。

兑为泽

小心被算计

世界是一个丛林,就算你不夺人家的,人家也在算计你。

九五:孚于剥,有厉。

兑为泽

暗中争夺

成年人的世界只有选择,没有评判。

上六:引兑。

天泽履

伴虎如伴儿

伴君如伴虎，最后伴虎如伴儿。
伟大的跟随者，都具备领导者的姿态。

履卦

履：履虎尾，不咥人，亨。

天泽履

犯小错没关系

批评你,不代表封杀你。往前走,则无咎。

初九:素履,往,无咎。

天泽履

找高人指点

395

找到身边低调的高人。

九二：履道坦坦，幽人贞，吉。

天泽履

往前走

看不见也得往前走,在被迫行走的过程中蹚出来一条路。

六三:眇能视,跛能履。履虎尾,咥人,凶。武人为于大君。

天泽履

虽惊无险

397

干事就需要有所行动,就会无意中有所冒犯。

九四:履虎尾,愬愬,终吉。

天泽履

心如止水

虽然身体还是那么忙,但你的心不忙。

九五:夬履,贞,厉。

天泽履

从容

用一种有定力、越来越从容的方式跟随老大。

上九:视履,考祥。其旋,元吉。

地天泰

通达

上下通达,生机勃勃。要么就不干,要干就干一件大事。

泰卦

泰:小往,大来,吉,亨。

地天泰

有小失，
有大得

流点儿血不是坏事。

401

初九：拔茅茹，以其汇。征吉。

地天泰

有牺牲

只要往前走,就会有牺牲,但这不妨碍继续往前走。

九二:包荒,用冯河,不遐遗。朋亡,得尚于中行。

地天泰

有福报

平地也会有凹坡,直路也会有曲折。有得吃,有福报。

九三:无平不陂,无往不复,艰贞无咎。勿恤,其孚,于食有福。

地天泰

切割

404
———

有些人也许不是坏人,但他已经不配做你的同行者了。

六四:翩翩不富,以其邻。不戒,以孚。

地天泰

果断点

405

该出手时就出手,该剁手时就剁手,风风火火闯九州。

六五:帝乙归妹,以祉。元吉。

地天泰

招已用老,
意兴阑珊

城楼盖得再高,总有倒的一天。
该得到的都得到了,该见过的都见过了,
发现也不过如此。

上六:城复于隍。勿用师,自邑告命。贞吝。

山天大畜

重新出发

带着成熟的灵魂和新鲜的眼界,变成一个全新的人。

大畜

大畜:利贞,不家食。吉。利涉大川。

山天大畜

陷入瓶颈

直面自己的问题,看见就是解脱的开始。

初九:有厉,利已。

山天大畜

停摆

不管怎么样都会"成住坏空",你就只能换个地方活。

九二:舆说輹。

山天大畜

找个新活法

410
———

此处不好玩,自有好玩处。此处不留爷,自有留爷处。

九三:良马逐,利艰贞。日闲舆卫,利有攸往。

山天大畜

初长成

孩子长大了,这也是你重新长大的开始。

六四:童牛之牿,元吉。

山天大畜

重新年轻

需要照顾的人已长大,你要去干什么?
从年轻时重新长大一次。

六五:豮(fén)豕之牙,吉。

山天大畜

每一条路
都是好路

当一个人放弃幻想以后,他就获得了自由。

上九:何天之衢(qú),亨。

水天需

给予

给予是给予者的需要。

需卦

需:有孚,光亨。贞吉。利涉大川。

水天需

凡事必作于易

从最容易的地方开始做起。

初九:需于郊。利用恒,无咎。

水天需

小有灾

小有挫折，但结果吉祥。

九二：需于沙。小有言，终吉。

水天需

勿得意忘形

在满足需求的过程中,危险也步步降临。

九三:需于泥。致寇至。

水天需

顺听

418

不在争强而在于顺听,虽受伤,能脱险。

六四:需于血。出自穴。

水天需

酒食且为乐

419

酒食宴乐,也是君子之乐。

九五:需于酒食。贞吉。

水天需

合作

最终极的满足就是合作。

上六：入于穴，有不速之客。三人来，敬之，终吉。

风天小畜

风雨欲来

风波将至,那些不喜欢折腾、心能定得住的人,终究会成为最后的胜利者。

小畜

小畜:亨。密云不雨,自我西郊。

风天小畜

本立而道生

君子务本，本立而道生，回到自己原本的道路上。

初九：复自道，何其咎，吉。

风天小畜

回归

回归旧业,回归旧途,回归舒适圈。

九二:牵复,吉。

风天小畜

反目

你以为你在关心别人,别人以为你在骂他。

九三:舆说辐,夫妻反目。

风天小畜

放点血

该放血时就放血。
在短期内你会损失一些小的,
长期内你会拥有一些大的。

六四:有孚,血去,惕出,无咎。

风天小畜

互利共赢

用好那个有用的邻居。

九五:有孚挛如,富以其邻。

风天小畜

风雨终到来

风雨终将到来,你准备好了吗?

上九:既雨既处,尚德载,妇贞厉。月几望,君子征,凶。

雷天大壮

你有多风光，就有多危险

能人背后有人坑，山外青山楼外楼。
你多厉害、多风光，就有多危险。

大壮：利贞。

雷天大壮

防微杜渐

大的创伤,都是从一些小的地方受到伤害开始的。

初九:壮于趾,征凶。有孚。

雷天大壮

禅定

随时随地对自己的行、住、坐、卧,保持关注。

九二:贞吉。

雷天大壮

有小损

这一次的行动有点危险,适可而止。

九三:小人用壮,君子用罔,贞厉。羝(dī)羊触藩,羸其角。

雷天大壮

归有伤

出行吉祥,但归来有伤。

九四:贞吉,悔亡。藩决,不羸,壮于大舆之輹(fú)。

雷天大壮

无功而返

433

恐有小失,尚无大碍。

六五:丧羊于易,无悔。

雷天大壮

越是艰难，
越是吉

你在艰难的时候，敌人也艰难。
你没有赢，敌人却输了。

上六：羝羊触藩，不能退，不能遂，无攸利。艰则吉。

火天大有

不求多福，
但求少损

顺应自己的生命节奏，以减少损耗为主，勿以快速发展为伍。

大有：元亨。

火天大有

艰难

发展慢了,自然就会有艰难。

初九:无交害,匪咎。艰,则无咎。

火天大有

转换跑道

437

人生走到一个阶段,就要变换跑道,离开这里。

九二:大车以载,有攸往,无咎。

火天大有

奉献出去

不要以为你的就是你的。
你的收获,必然有一部分要奉献出去。

九三:公用亨于天子,小人弗克。

火天大有

分享

因为你有,所以你应该拿出来分享。

九四:匪其彭,无咎。

火天大有

人行阳德，
人自报之

把该你的和不该你的都分享出去之后，
你会暗暗获得福报。

六五：厥孚交如，威如，吉。

火天大有

有天相助

上天助你,一切顺利,前提是要学会与他人分享。

上九:自天佑之,吉,无不利。

泽天夬

圆满之前

终将圆满,也必遭一难。

夬卦

夬:扬于王庭。孚号,有厉。告自邑,不利即戎,利有攸往。

泽天夬

千里之堤，溃于蚁穴

不要小看局部的受伤，它是一系列大伤害的开始。

初九：壮于前趾，往不胜。为咎。

泽天夬

多惊险

凡事谨慎,可以无虑。

九二:惕号,莫夜有戎,勿恤。

泽天夬

有凶无险

初见艰难,终得安乐。

九三:壮于頄,有凶。君子夬夬独行。遇雨若濡。有愠,无咎。

泽天夬

保持战略定力

不要轻信谣言,不要自乱阵脚。

九四:臀无肤,其行次且。牵羊悔亡,闻言不信。

泽天夬

行中道

行于中道,在破当中立,在损失中获得。

九五:苋陆夬夬,中行,无咎。

泽天夬

最后一难

八十一难,还有一难。

上六:无号,终有凶。

未来，属于终身学习者

我们正在亲历前所未有的变革——互联网改变了信息传递的方式，指数级技术快速发展并颠覆商业世界，人工智能正在侵占越来越多的人类领地。

面对这些变化，我们需要问自己：未来需要什么样的人才？

答案是，成为终身学习者。终身学习意味着永不停歇地追求全面的知识结构、强大的逻辑思考能力和敏锐的感知力。这是一种能够在不断变化中随时重建、更新认知体系的能力。阅读，无疑是帮助我们提高这种能力的最佳途径。

在充满不确定性的时代，答案并不总是简单地出现在书本之中。"读万卷书"不仅要亲自阅读、广泛阅读，也需要我们深入探索好书的内部世界，让知识不再局限于书本之中。

湛庐阅读 App: 与最聪明的人共同进化

我们现在推出全新的湛庐阅读 App，它将成为您在书本之外，践行终身学习的场所。

- 不用考虑"读什么"。这里汇集了湛庐所有纸质书、电子书、有声书和各种阅读服务。
- 可以学习"怎么读"。我们提供包括课程、精读班和讲书在内的全方位阅读解决方案。
- 谁来领读？您能最先了解到作者、译者、专家等大咖的前沿洞见，他们是高质量思想的源泉。
- 与谁共读？您将加入优秀的读者和终身学习者的行列，他们对阅读和学习具有持久的热情和源源不断的动力。

在湛庐阅读 App 首页，编辑为您精选了经典书目和优质音视频内容，每天早、中、晚更新，满足您不间断的阅读需求。

【特别专题】【主题书单】【人物特写】等原创专栏，提供专业、深度的解读和选书参考，回应社会议题，是您了解湛庐近千位重要作者思想的独家渠道。

在每本图书的详情页，您将通过深度导读栏目【专家视点】【深度访谈】和【书评】读懂、读透一本好书。

通过这个不设限的学习平台，您在任何时间、任何地点都能获得有价值的思想，并通过阅读实现终身学习。我们邀您共建一个与最聪明的人共同进化的社区，使其成为先进思想交汇的聚集地，这正是我们的使命和价值所在。

CHEERS

湛庐阅读 App 使用指南

读什么
- 纸质书
- 电子书
- 有声书

怎么读
- 课程
- 精读班
- 讲书
- 测一测
- 参考文献
- 图片资料

与谁共读
- 主题书单
- 特别专题
- 人物特写
- 日更专栏
- 编辑推荐

谁来领读
- 专家视点
- 深度访谈
- 书评
- 精彩视频

HERE COMES EVERYBODY

下载湛庐阅读 App
一站获取阅读服务